8급 배정한자
50자 수록

이치와 원리로 배우는
초등한자

1단계

한자는 왜 공부를 해야 할까요?

1. 한자는 우리나라, 중국, 일본 등 동양의 많은 나라들이 쓰는 글자입니다.
2. 옛날부터 우리 할아버지나 할머니들이 한자를 사용했기 때문에 아직도 우리가 쓰는 말 가운데는 한자말이 많으며, 신문과 여러 책에 한자가 쓰이고 있습니다.
3. 한자를 알면 앞으로 국어공부를 하는데 많은 도움이 됩니다.

이 책은요...

1. 먼저 그림으로 한자를 배우고,
2. 글씨 쓰기로 한자를 익히며,
3. 연습문제로 한자를 활용하도록 만들었습니다.

한자 쓰는 순서

1 위에서 아래로 씁니다.

一　二　三　　　一　丁　工

2 왼쪽에서 오른쪽으로 씁니다.

丿　刂　川　　　十　木　相

3 가로획을 먼저 씁니다.

一　十　土　　　一　十　木

4 가운데를 먼저 씁니다.

亅　氺　水　水　　　丨　山　山

5 바깥부분을 먼저 씁니다.

丶　丷　少　火　　　几　凡　凬　風

6 가운데 꿰뚫는 획은 나중에 씁니다.

冂　口　中　　　丿　匸　牛

차례

1. 자연 (1) — 4
   1. 활용 학습 / 놀이 학습 — 8
   2. 한자야 넌 어디있니(1) — 10

2. 숫자 (1) — 11
   1. 놀이 학습 — 15
   2. 한자야 넌 어디있니(2) — 16

3. 자연 (2) — 17
   1. 활용 학습 / 놀이 학습 — 21

4. 숫자 (2) — 23
   1. 놀이 학습 — 27
   2. 연습문제(1) / 평가문제(1) — 28
   3. 한자야 넌 어디있니(2) — 30

5. 방향 — 31
   1. 활용 학습 / 놀이 학습 — 35

6. 숫자 (3) — 37
   1. 놀이 학습 — 41
   2. 한자야 넌 어디있니(4) — 42

7. 몸 — 43
   1. 활용 학습 / 놀이 학습 — 47

8. 위치 — 49
   1. 놀이 학습 — 53
   2. 한자야 넌 어디있니(2) — 54

9. 가족 — 55
   1. 활용 학습 / 놀이 학습 — 59
   2. 연습문제(2) / 평가문제(2) — 61
   3. 한자야 넌 어디있니(2) — 63

10. 필순에 의한 한자 쓰기 — 64

11. 8급 배정한자 50자 — 82
    1. 8급 배정한자 연습문제(1) — 98
    2. 8급 배정한자 연습문제(2) — 105

12. 한자의 뜻을 쓰세요 — 106

13. 그림속의 한자 쓰기 — 107

14. 가족 이름 쓰기 — 108

15. 이 책에 나오는 한자 — 110

1 자연 (1)

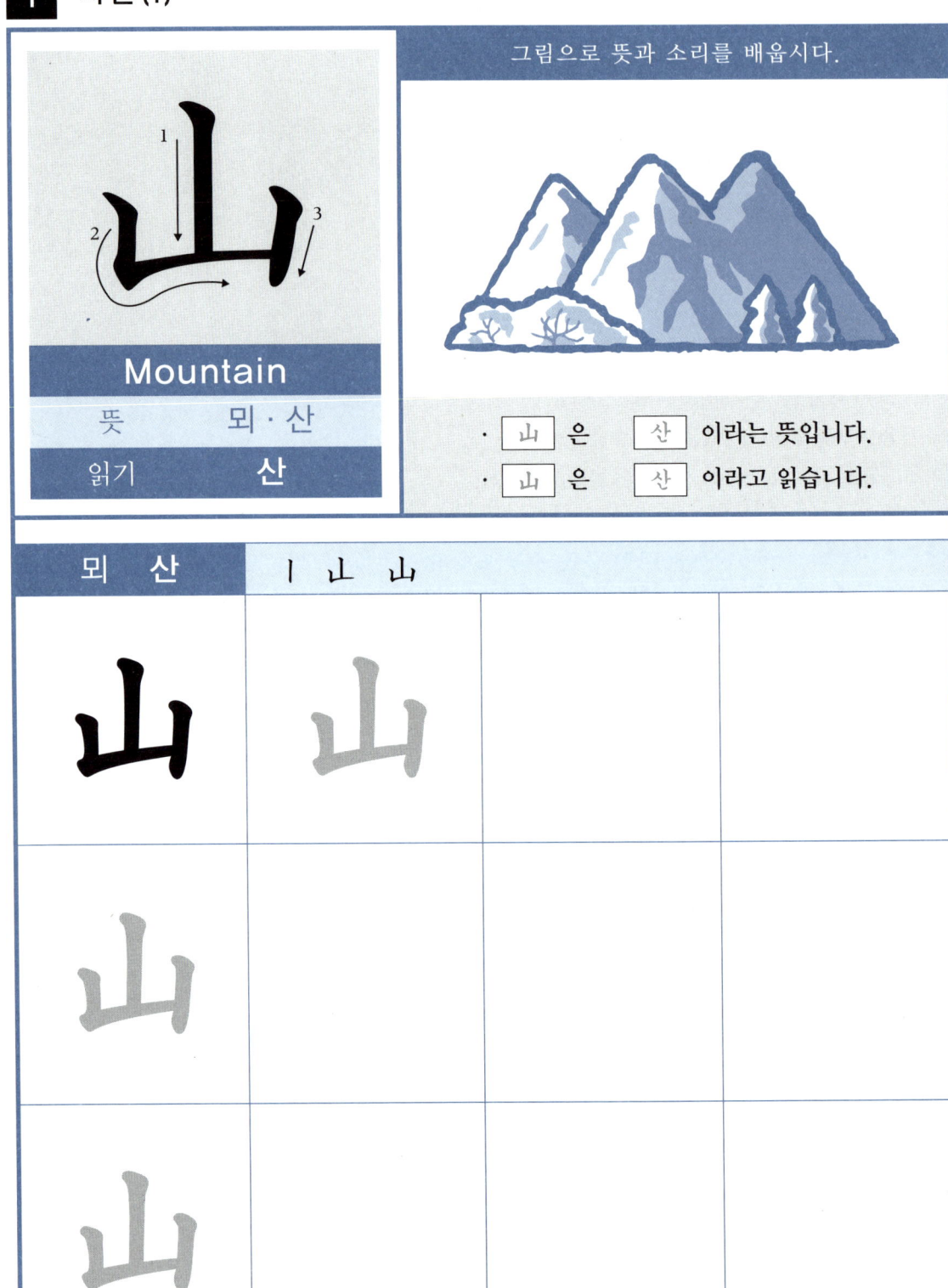

이치와 원리로 배우는 초등한자

뜻	불
읽기	화

Fire

그림으로 뜻과 소리를 배웁시다.

· 火 는 불 이라는 뜻입니다.
· 火 는 화 라고 읽습니다.

| 불 화 | 丶 ⺀ 少 火 |

1 자연(1)

Water
뜻 물
읽기 수

· 水 는 물 이라는 뜻입니다.
· 水 는 수 라고 읽습니다.

물 수	ㅣ ㅋ 水 水		
水	水		
水			
水			

이치와 원리로 배우는 초등한자

Stream

뜻	내
읽기	천

· 川 은 내(강보다 작은 물줄기) 이라는 뜻입니다.
· 川 은 천 이라고 읽습니다.

내 천	ノ 丿 川		
川	川		
川			
川			

1 자연(1)

그림과 관계있는 한자를 줄로 이어 보세요

 · · 水

 · · 火

 · · 川

 · · 山

다음 한자의 그림과 소리를 줄로 이어 보세요

山 ·  · · 화

水 ·  · · 산

火 ·  · · 천

川 ·  · · 수

이치와 원리로 배우는 초등한자

응접실 화분에 받침대가 없습니다. 어떤 받침대 위에 놓을까요?

뫼(메)산	｜ 凵 山	물 수	｜ 亅 氵 水
山 山		水 水	
불 화	` ´ ㇏ 火	내 천	｜ 丿 川
火 火		川 川	

한자야 넌어디 있니 1

① 일백 백 ② 일천 천 ③ 위 상 ④ 아래 하 ⑤ 왼쪽 좌 ⑥ 오른쪽 우 ⑦ 뫼 산 ⑧ 불 화 ⑨ 물 수 ⑩ 내 천

2 숫자(1)

이치와 원리로 배우는 초등한자

One

뜻	하 나
읽기	일

그림으로 뜻과 소리를 배웁시다.

- 一 은 하나 라는 뜻입니다.
- 一 은 일 이라고 읽습니다.

한 일	一		
一	一		
一			
一			

2 숫자(1)

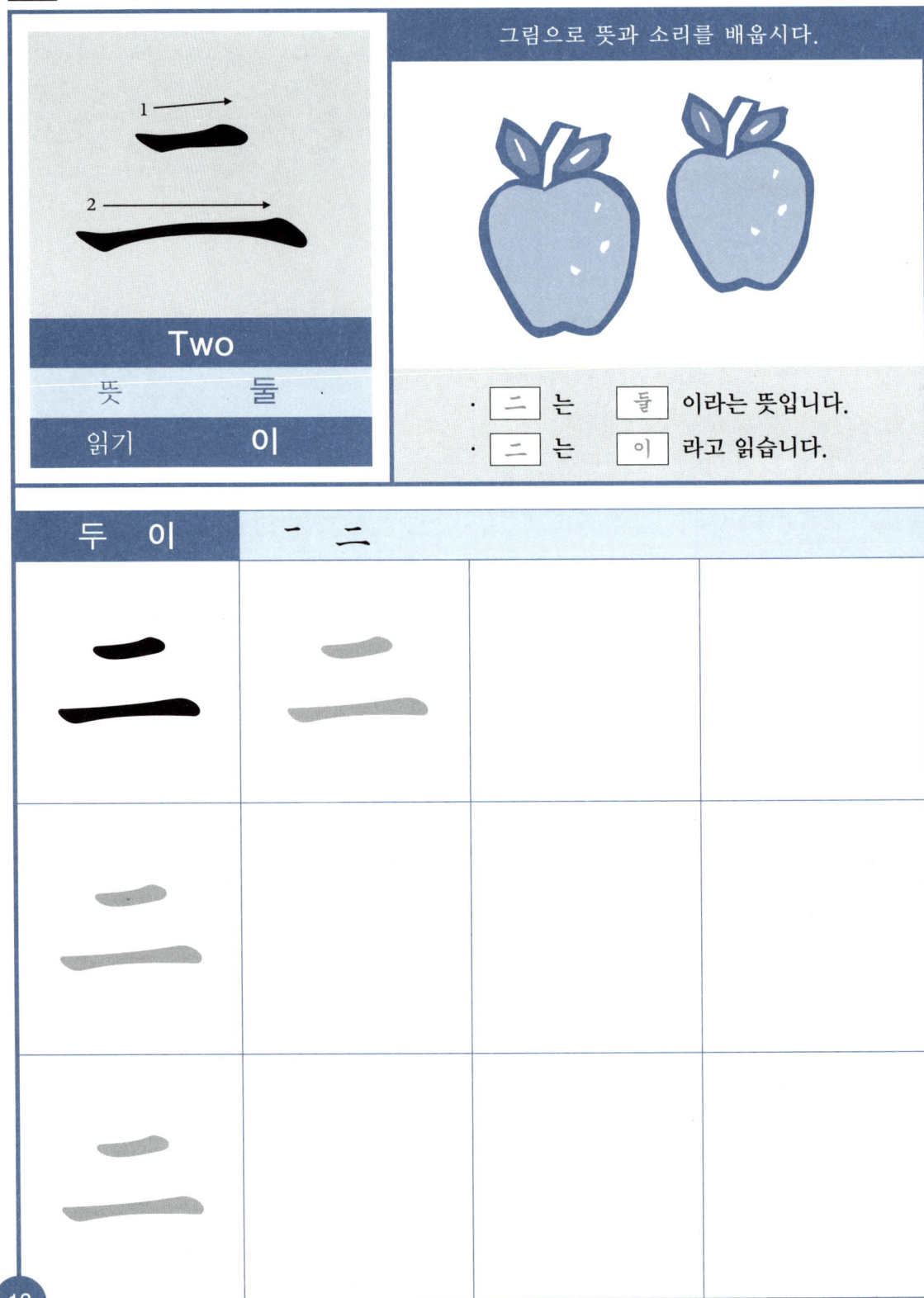

Two

뜻	둘
읽기	이

· 二 는 둘 이라는 뜻입니다.
· 二 는 이 라고 읽습니다.

두 이	ー 二		
二	二		
二			
二			

이치와 원리로 배우는 초등한자

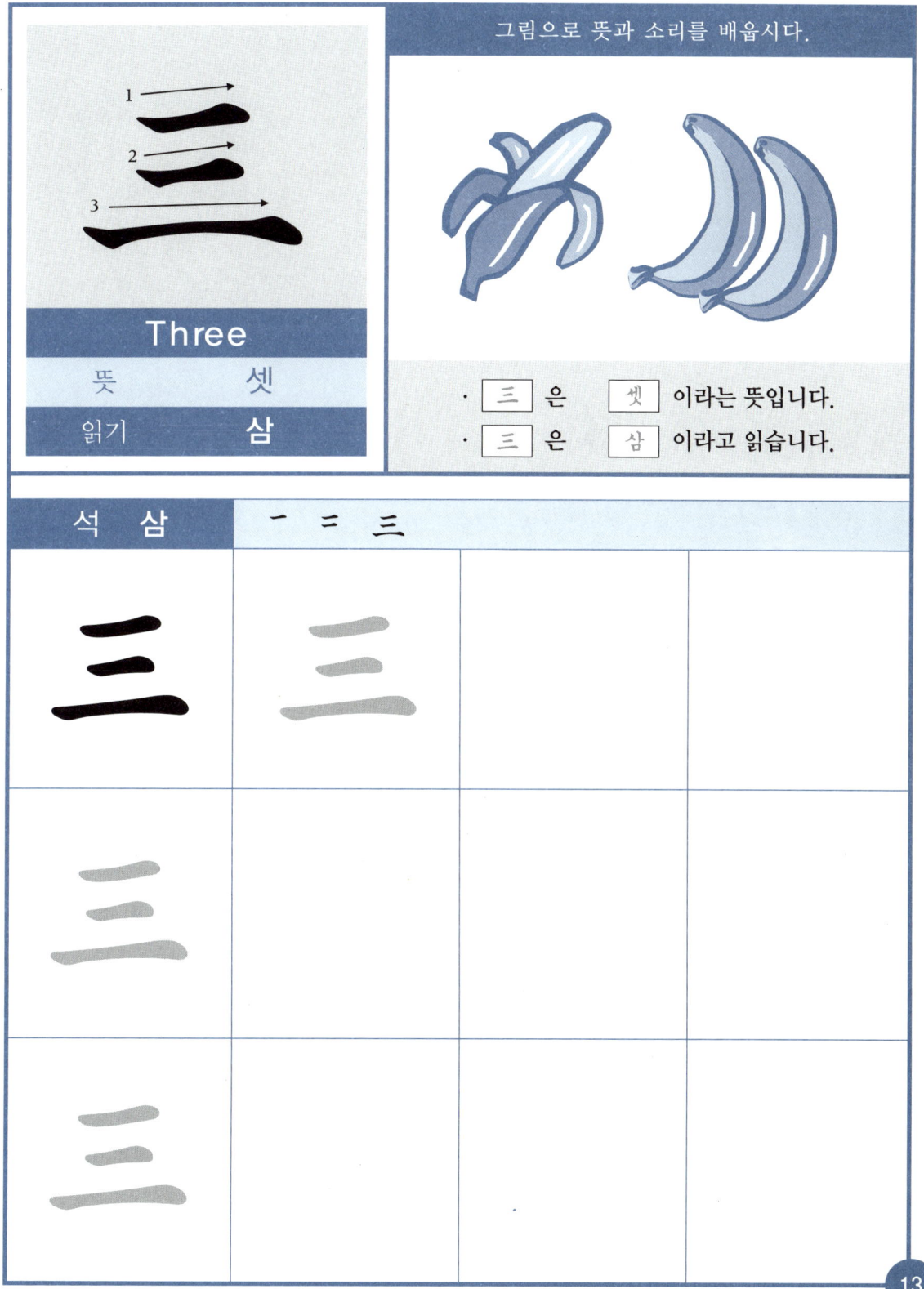

뜻	셋
읽기	삼

- 三 은 셋 이라는 뜻입니다.
- 三 은 삼 이라고 읽습니다.

석 삼	一 二 三		
三	三		
三			
三			

2. 숫자(1)

그림으로 뜻과 소리를 배웁시다.

- 四 는 넷 이라는 뜻입니다.
- 四 는 사 라고 읽습니다.

넉 사	ㅣ 冂 冂 四 四		
四	四		
四			
四			

 놀이학습

이치와 원리로 배우는 초등한자

철수가 낚시를 합니다. 어떤 물고기가 어떤 낚싯줄에 걸려야 할까요?

한 일	一				석 삼	一 二 三			
一	一				三	三			
두 이	一 二				넉 사	丨 冂 冂 四 四			
二	二				四	四			

15

한자야 넌 어디 있니 2

① 날 **일** ② 달 **월** ③ 발 **족** ④ 이름 **명** ⑤ 해 **년** ⑥ 콩 **두** ⑦ 향할 **향** ⑧ 사람 **인** ⑨ 가운데 **중** ⑩ 아들 **자**

3 자연 (2)

이치와 원리로 배우는 초등한자

Tree
뜻   나무
읽기   목

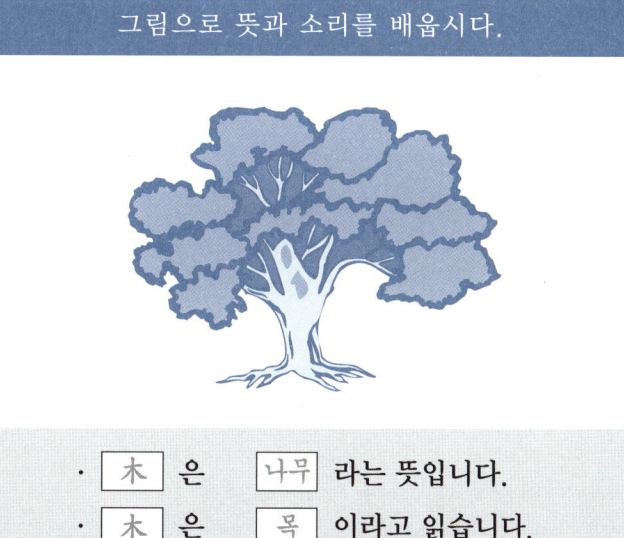

- 木 은 나무 라는 뜻입니다.
- 木 은 목 이라고 읽습니다.

나무 목	一 十 才 木		
木	木		
木			
木			

3 자연 (2)

Metal · Gold

뜻	쇠 · 금
읽기	금

- 金 은 쇠 라는 뜻입니다.
- 金 은 금 이라고 읽습니다.

쇠 금	ノ 人 ㅅ 亼 全 全 余 金

이치와 원리로 배우는 초등한자

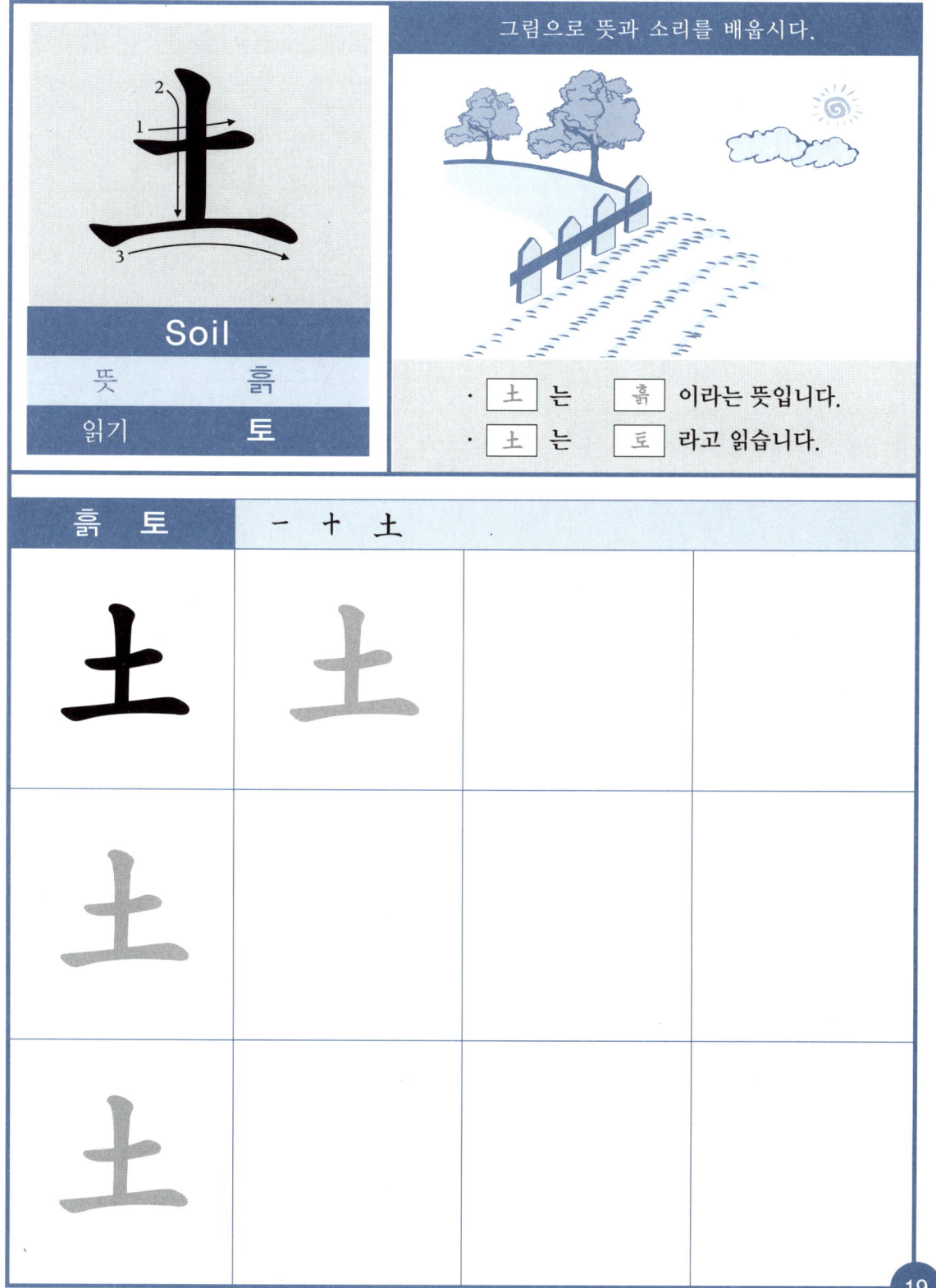

· 土 는 흙 이라는 뜻입니다.
· 土 는 토 라고 읽습니다.

3 자연 (2)

Forest
뜻   수풀
읽기   림·임

- 林 은 수풀 이라는 뜻입니다.
- 林 은 림 이라고 읽습니다.

| 수풀 림 | 一 十 オ 木 𣎳 村 材 林 |

활용학습

이치와 원리로 배우는 초등한자

그림과 관계있는 한자를 줄로 이어 보세요.

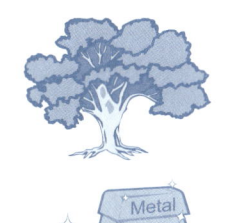 • • 林

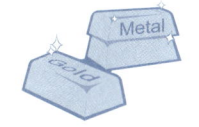 • • 金

 • • 土

 • • 木

다음 한자의 그림과 소리를 줄로 이어 보세요.

土 •  • 토

林 • 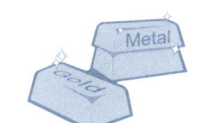 • 임

金 •  • 목

木 •  • 금

3 자연 (2) 놀이학습

그림을 보고 □ 안에 알맞은 한자를 쓰세요.

어느 욕심쟁이는 □ 을 열심히 모았습니다. 그는 누군가가 자신의 □ 을 훔쳐 갈 것이라는 생각 끝에 □ 가 많은 □ 속에 □ 을 파고 숨겨 두었습니다.

나무 목	一 十 才 木			흙 토	一 十 土		
木	木			土	土		
쇠 금	ノ 人 ㅅ 스 仝 仐 余 金			수풀 림(임)	一 十 才 木 朩 村 材 林		
金	金			林	林		

4 숫자 (2)

이치와 원리로 배우는 초등한자

다섯 오	一 丆 五 五		
五	五		
五			
五			

4 숫자 (2)

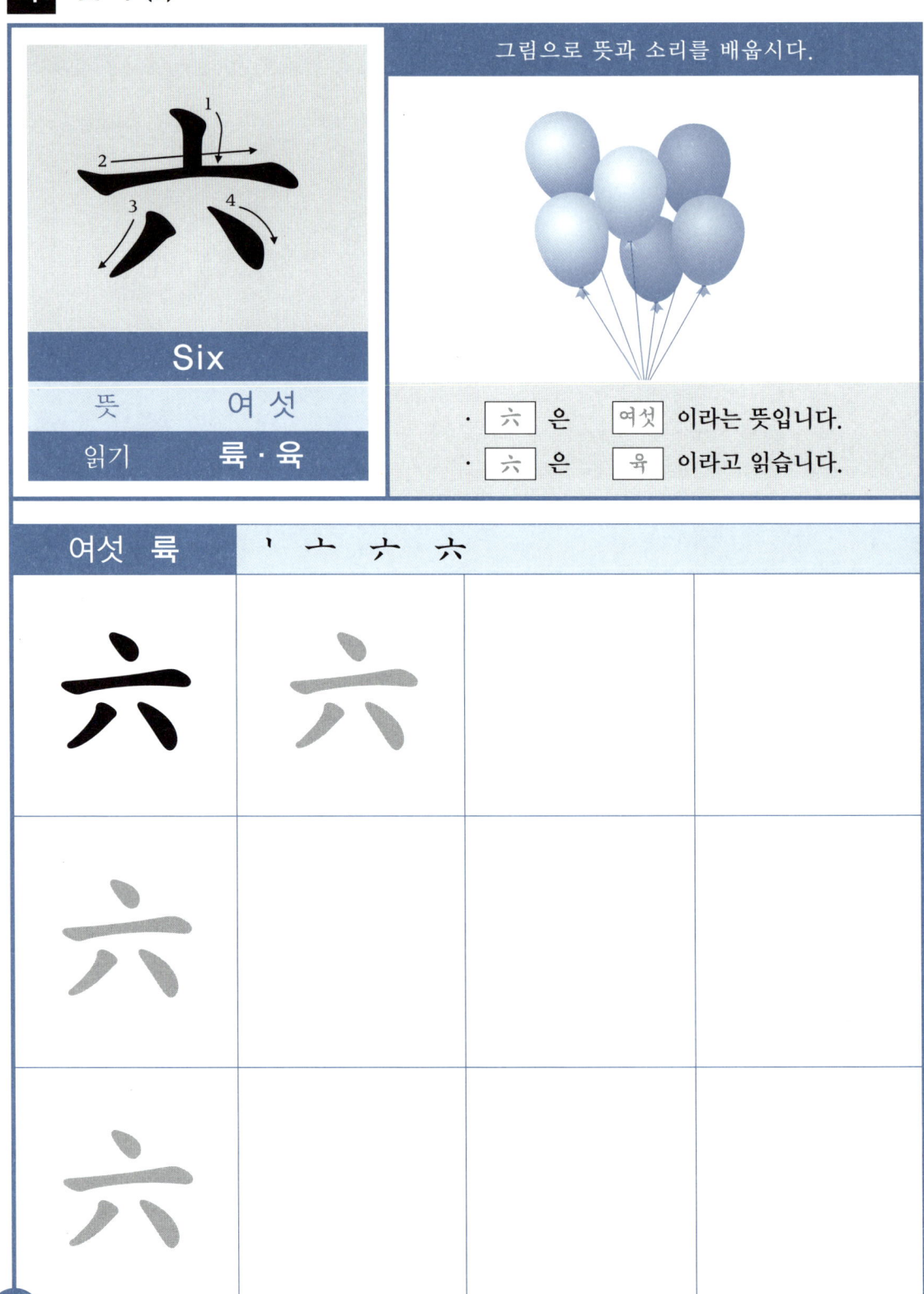

Six
뜻 여섯
읽기 륙·육

· 六 은 여섯 이라는 뜻입니다.
· 六 은 육 이라고 읽습니다.

| 여섯 륙 | 丶 亠 宀 六 |

이치와 원리로 배우는 초등한자

Seven

뜻	일곱
읽기	칠

그림으로 뜻과 소리를 배웁시다.

- 七 은 일곱 이라는 뜻입니다.
- 七 은 칠 이라고 읽습니다.

| 일곱 칠 | 一 七 |

4 숫자 (2)

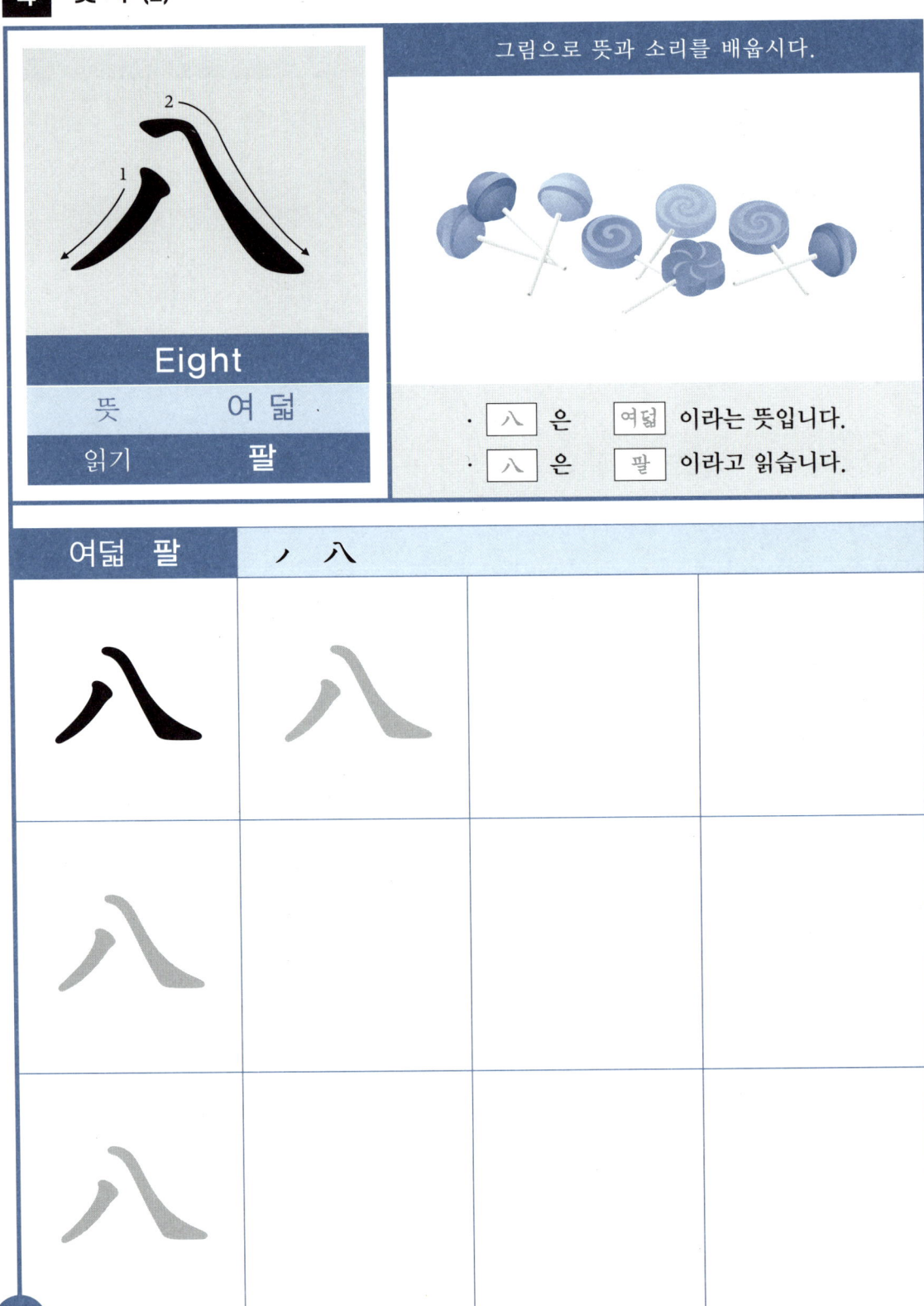

Eight

뜻	여덟
읽기	팔

- 八 은 여덟 이라는 뜻입니다.
- 八 은 팔 이라고 읽습니다.

여덟 팔	ノ 八		
八	八		
八			
八			

놀이학습

이치와 원리로 배우는 초등한자

껌 볼에서 껌를 뽑으려고 합니다. 동전을 넣으면 어떤 껌이 내려 올까요?

다섯 오	一 丁 丅 五 五				일곱 칠	一 七			
五	五				七	七			
여섯 육	丶 亠 六 六				여덟 팔	丿 八			
六	六				八	八			

4 숫자 (2) — 연습문제 1

月	火	水	木	金	土
	一	二	三	四	五
六	七	八	九		

1. 금요일은 며칠인지 한자의 소리를 써 보세요.

2. 3일과 9일의 요일을 한자의 소리로 써 보세요.

3. 서로 알맞은 것끼리 줄로 이으세요.

   흙   다섯   산

   五   山   土

4. 다음 한자를 써 보세요.

	수 풀			불			여섯
	림			화			륙·육

5. 다음 말에 알맞은 한자를 써 보세요.

   ① 산과 내(개천)를 산천이라고 합니다.
      산천을 한자로 써 보세요.

   ② 물의 반대말은 불입니다.
      불을 한자로 써 보세요.

6. 다음 그림에 알맞은 숫자를 동그라미 안에 한자로 써 보세요.

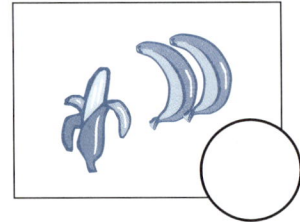

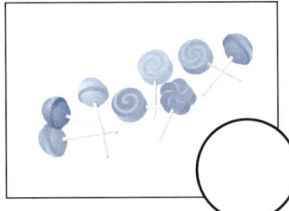

평 가 문 제 1　　　　　　　　　　　　　　이치와 원리로 배우는 초등한자

1. 다음 한자의 뜻과 소리를 써 보세요.

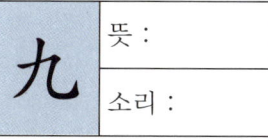 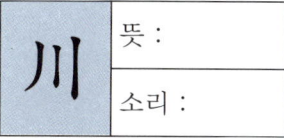 

2. 다음 그림에 맞는 한자를 〈보기〉에서 골라 쓰세요.

　　보기　　火 · 水 · 林

3. 다음 글 중 밑줄 친 곳을 한자로 바꿔 쓰세요.

　◎ 철수는 <u>내</u>를 <u>다섯</u>번이나 건너서 <u>산</u>에 올라갔습니다.
　　　　　(　　)(　　　)　　　(　　　)

4. 다음 한자와 관련 있는 숫자를 줄로 이으세요.

　　　四　　　八　　　二

　　　8　　　4　　　2

5. 다음 그림에 알맞은 숫자를 동그라미 안에 한자로 써 보세요.

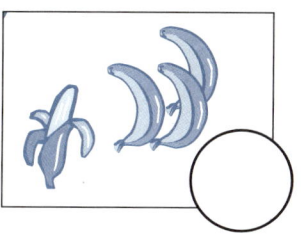  

한자야 넌 어디 있니 3

❶ 나무 **목** ❷ 쇠 **금** ❸ 흙 **토** ❹ 수풀 **림** ❺ 동녘 **동** ❻ 서녘 **서** ❼ 남녘 **남** ❽ 북녘 **북** ❾ 귀 **이** ❿ 눈 **목**

5 방향   이치와 원리로 배우는 초등한자

East
뜻 　 동녘
읽기 　 동

그림으로 뜻과 소리를 배웁시다.

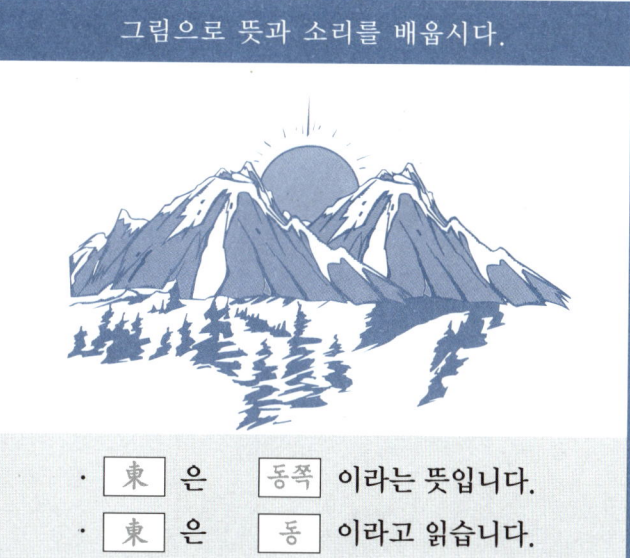

- 東 은 동쪽 이라는 뜻입니다.
- 東 은 동 이라고 읽습니다.

동녘 동	一 ㄒ ㅠ 币 両 東 東 東

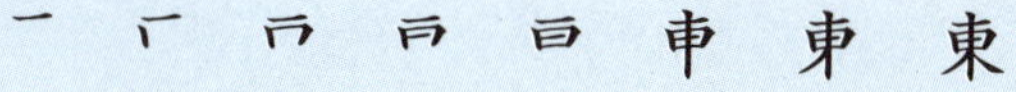

5 방향

West
뜻: 서녘
읽기: 서

그림으로 뜻과 소리를 배웁시다.

- 西 는 서쪽 이라는 뜻입니다.
- 西 는 서 라고 읽습니다.

| 서녘 서 | 一 丆 丌 両 西 西 |

이치와 원리로 배우는 초등한자

South
뜻　　　남녘
읽기　　　남

· 南 은 남쪽 이라는 뜻입니다.
· 南 은 남 이라고 읽습니다.

| 남녘 남 | 一 十 十 冇 冇 冇 南 南 南 |

5 방향

 **활용학습**　　　이치와 원리로 배우는 초등한자

그림과 관계있는 한자를 줄로 이어 보세요.

　　　東

　　　西

　　　南

　　　北

다음 한자의 그림과 소리를 줄로 이어 보세요.

東　　　　서

北　　　　동

西　　　　북

南　　　　남

5 방향

한자와 소리를 줄로 이어 보세요.

동　　西　남　北

東　　북　서　　　　南

동녘 동	一 ㄷ ㄕ 百 亘 車 東 東	남녘 남	一 十 十 市 内 内 南 南 南
東 東		南 南	
서녘 서	一 ㄷ ㄕ 币 西 西	북녘 북	丨 ㅓ ㅓ 北 北
西 西		北 北	

36

6 숫자(3)

이치와 원리로 배우는 초등한자

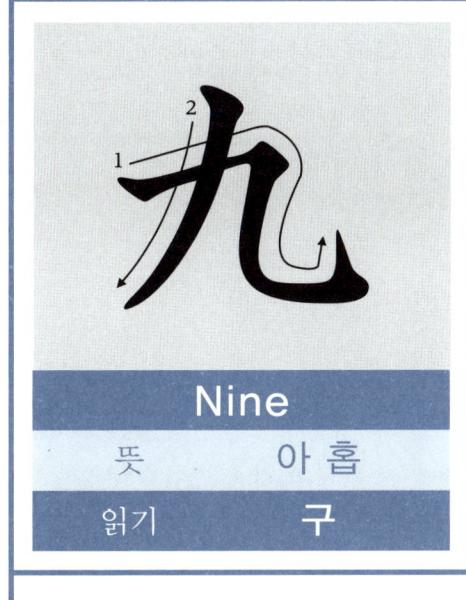

Nine
- 뜻: 아홉
- 읽기: 구

그림으로 뜻과 소리를 배웁시다.

- 九 는 아홉 이라는 뜻입니다.
- 九 는 구 라고 읽습니다.

아홉 구	ノ 九		
九	九		
九			
九			

6 숫자(3)

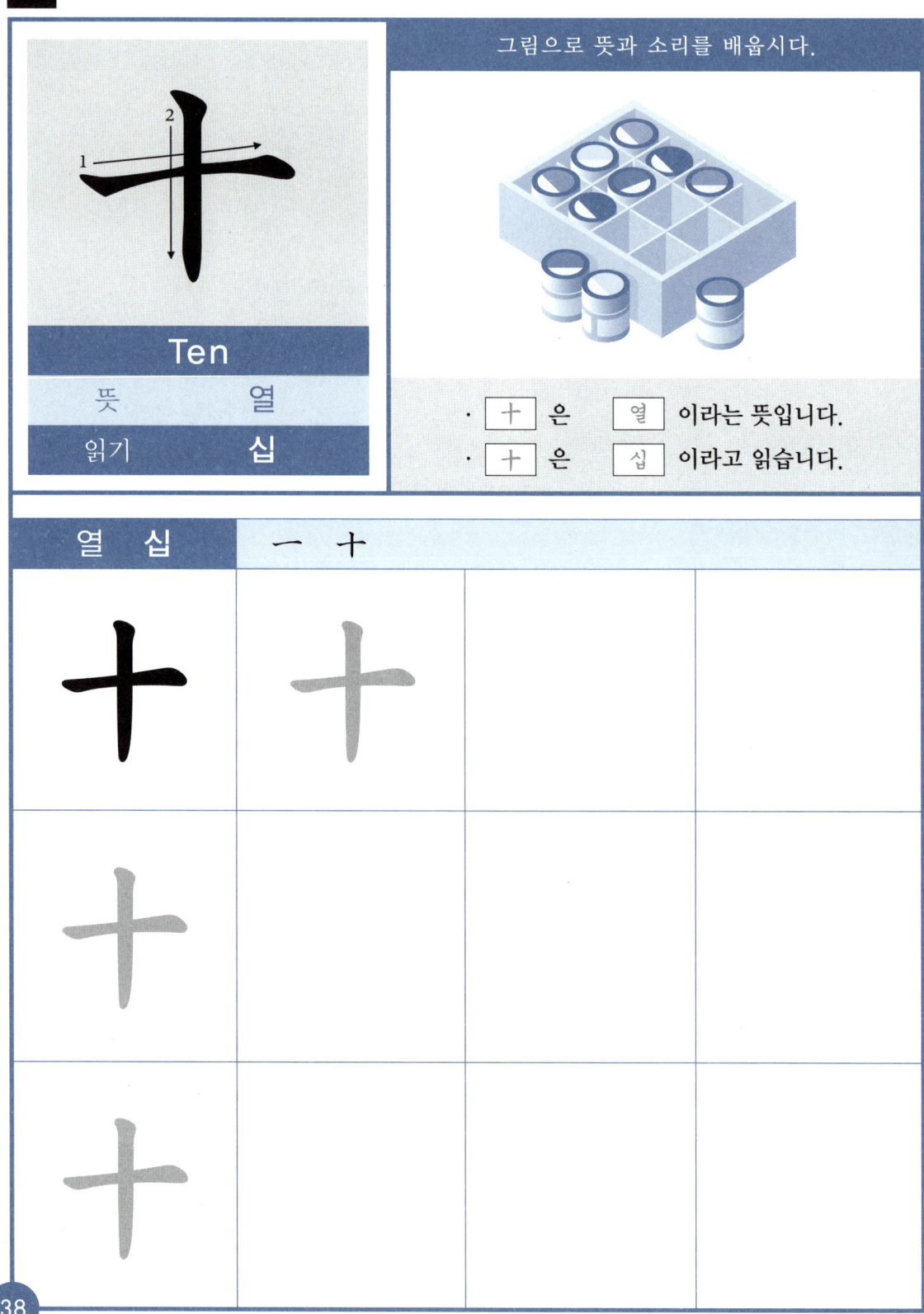

Ten
뜻 : 열
읽기 : 십

· 十 은 열 이라는 뜻입니다.
· 十 은 십 이라고 읽습니다.

열 십	一 十		
十	十		
十			
十			

이치와 원리로 배우는 초등한자

6 숫자(3)

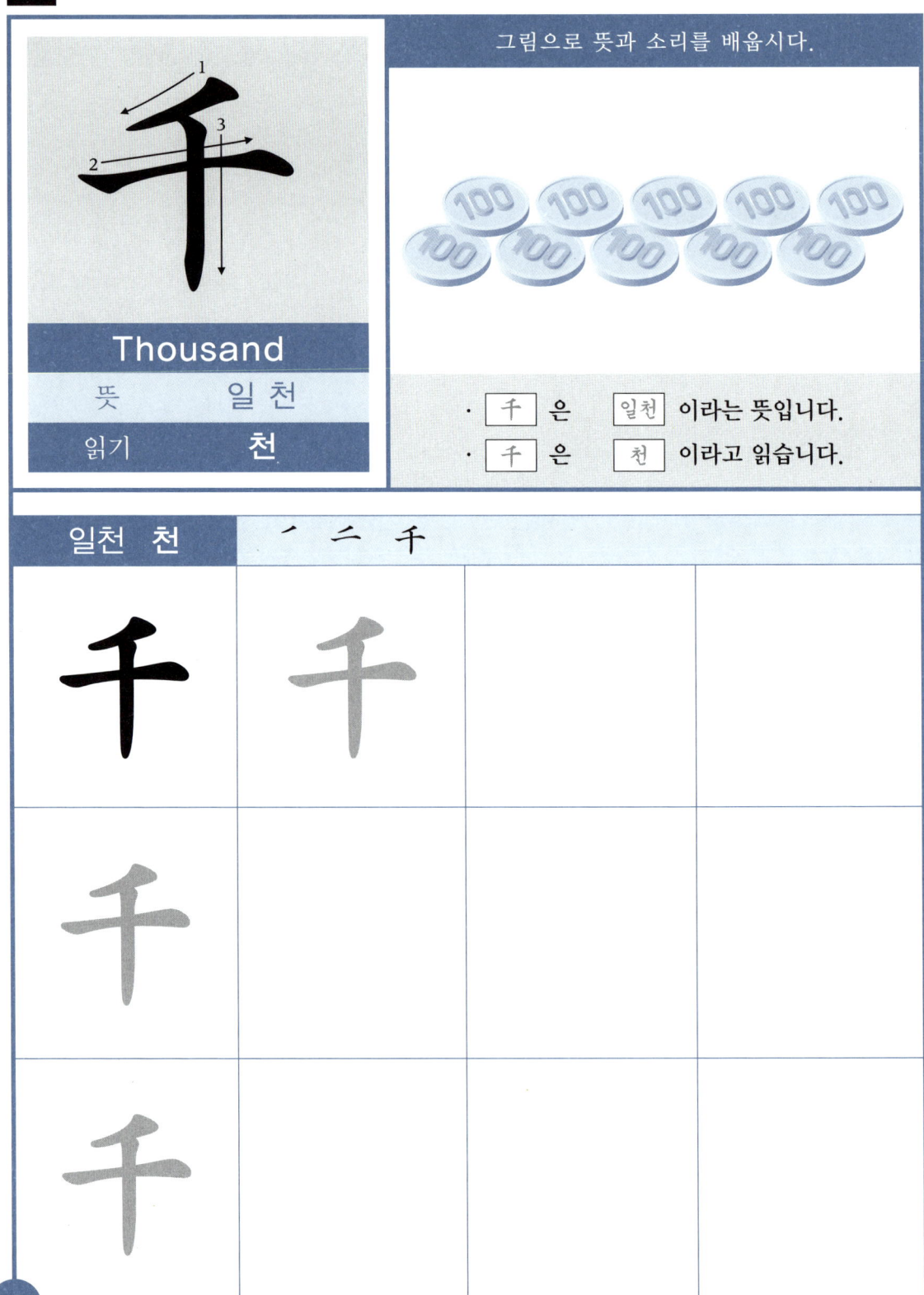

Thousand
뜻   일천
읽기   천

그림으로 뜻과 소리를 배웁시다.

- 千 은 일천 이라는 뜻입니다.
- 千 은 천 이라고 읽습니다.

일천 천	ノ 二 千		
千	千		
千			
千			

이치와 원리로 배우는 초등한자

버스를 타고 갑니다. 표지판이 세워진 정류소에는 어떤 손님이 내려야 할까요?

아홉 구	ノ 九			일백 백	一 ア ブ 万 百 百		
九	九			百	百		
열 십	一 十			일천 천	ノ 二 千		
十	十			千	千		

❶ 입 구 ❷ 혀 설 ❸ 마을 리 ❹ 설 립 ❺ 볼 견 ❻ 문 문 ❼ 선비 사 ❽ 소 우 ❾ 흰 백 ❿ 큰 대

7 몸　　　　　　　　　　　　　　　　　　이치와 원리로 배우는 초등한자

Ear
뜻　귀
읽기　이

- 耳 는 귀 라는 뜻입니다.
- 耳 는 이 라고 읽습니다.

귀 이	一 丆 丅 下 王 耳		
耳	耳		
耳			
耳			

7 몸

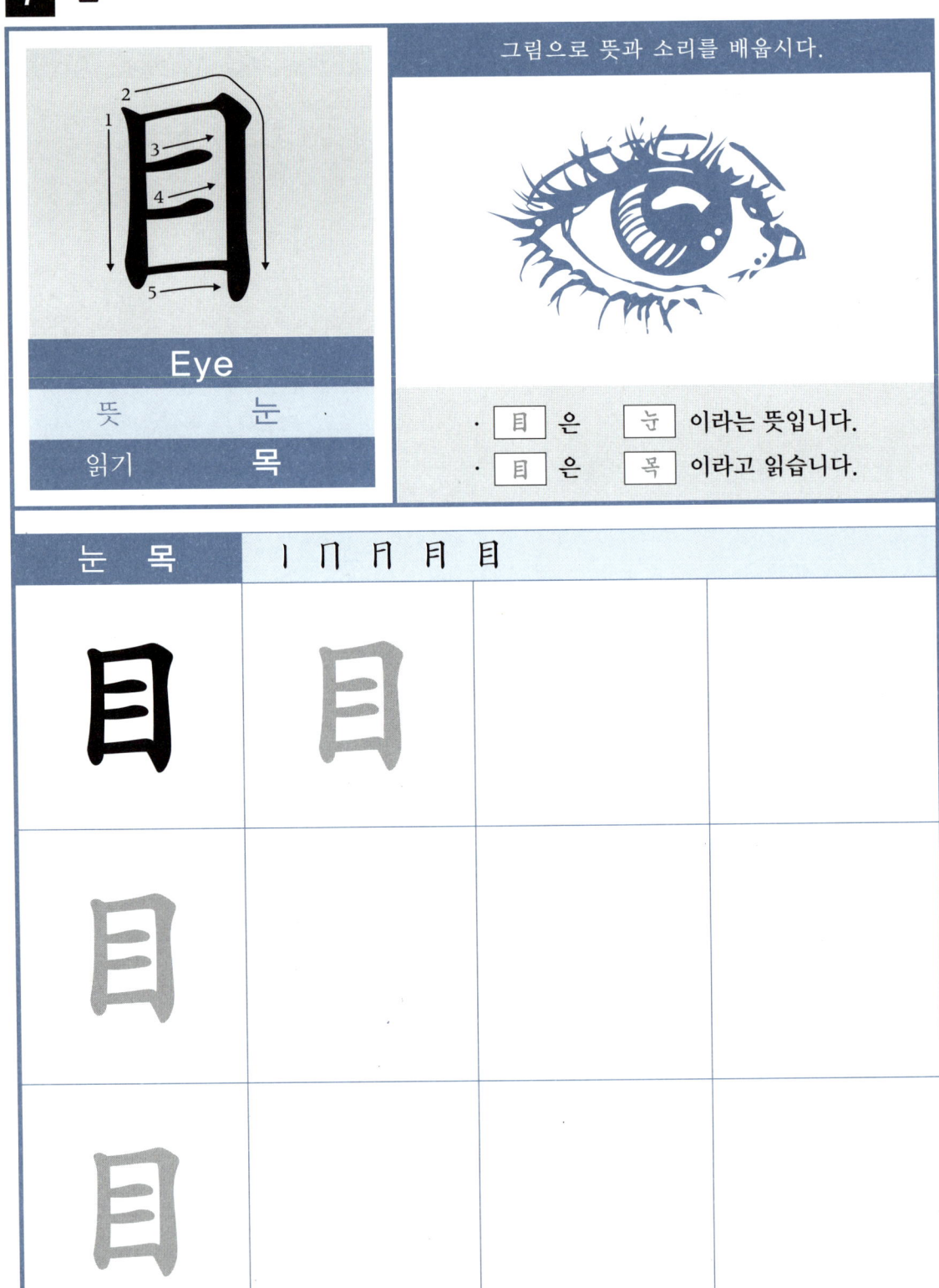

Eye
뜻 눈
읽기 목

- 目 은 눈 이라는 뜻입니다.
- 目 은 목 이라고 읽습니다.

눈 목	丨 冂 冃 目 目		
目	目		
目	目		
目	目		

이치와 원리로 배우는 초등한자

- 口 는 입 이라는 뜻입니다.
- 口 는 구 라고 읽습니다.

입 구	ㅣ 冂 口		
口	口		
口			
口			

7 몸

Tongue

뜻	혀
읽기	설

그림으로 뜻과 소리를 배웁시다.

- 舌 은 혀 라는 뜻입니다.
- 舌 은 설 이라고 읽습니다.

| 혀 설 | ノ 二 千 千 舌 舌 |

 **이치와 원리로 배우는 초등한자**

그림과 관계있는 한자를 줄로 이어 보세요.

 • • 口

 • • 舌

 • • 耳

 • • 目

다음 한자의 그림과 소리를 줄로 이어 보세요.

耳 •      • 설

口 •      • 목

目 •   • 이

舌 •      • 구

47

7 몸

다음 글을 읽고 □속에 알맞은 한자를 〈보기〉에서 찾아 쓰세요.

놀이터에서 놀던 영희는 엄마가 간식먹으라고 부르는 소리에 친구와 같이 집으로 달려 갔습니다. 식탁에는 맛있는 떡볶이가 담긴 접시가 놓여 있었습니다. 친구와 같이 떡볶이를 먹고난 영희는 너무 매워서 물을 두 컵이나 마셨습니다.

보 기

耳 · 目 · 口 · 舌

1. 영희는 물과 떡볶이를 어디로 먹었을까요?　□

2. 영희는 식탁의 떡볶이를 무엇으로 보았을까요?　□

3. 영희는 엄마가 부르는 소리를 어디로 들었을까요?　□

4. 떡볶이의 매운맛은 어느 부분으로 느꼈을까요?　□

귀 이	一 丆 丆 丅 耳 耳				입 구	丨 冂 口			
耳	耳				口	口			
눈 목	丨 冂 円 月 目				혀 설	ノ 二 千 千 舌 舌			
目	目				舌	舌			

48

8 위 치

이치와 원리로 배우는 초등한자

Top

뜻	위
읽기	상

그림으로 뜻과 소리를 배웁시다.

- 上 은 위 라는 뜻입니다.
- 上 은 상 이라고 읽습니다.

| 위 상 | ㅣ ㅏ 上 |

8 위 치

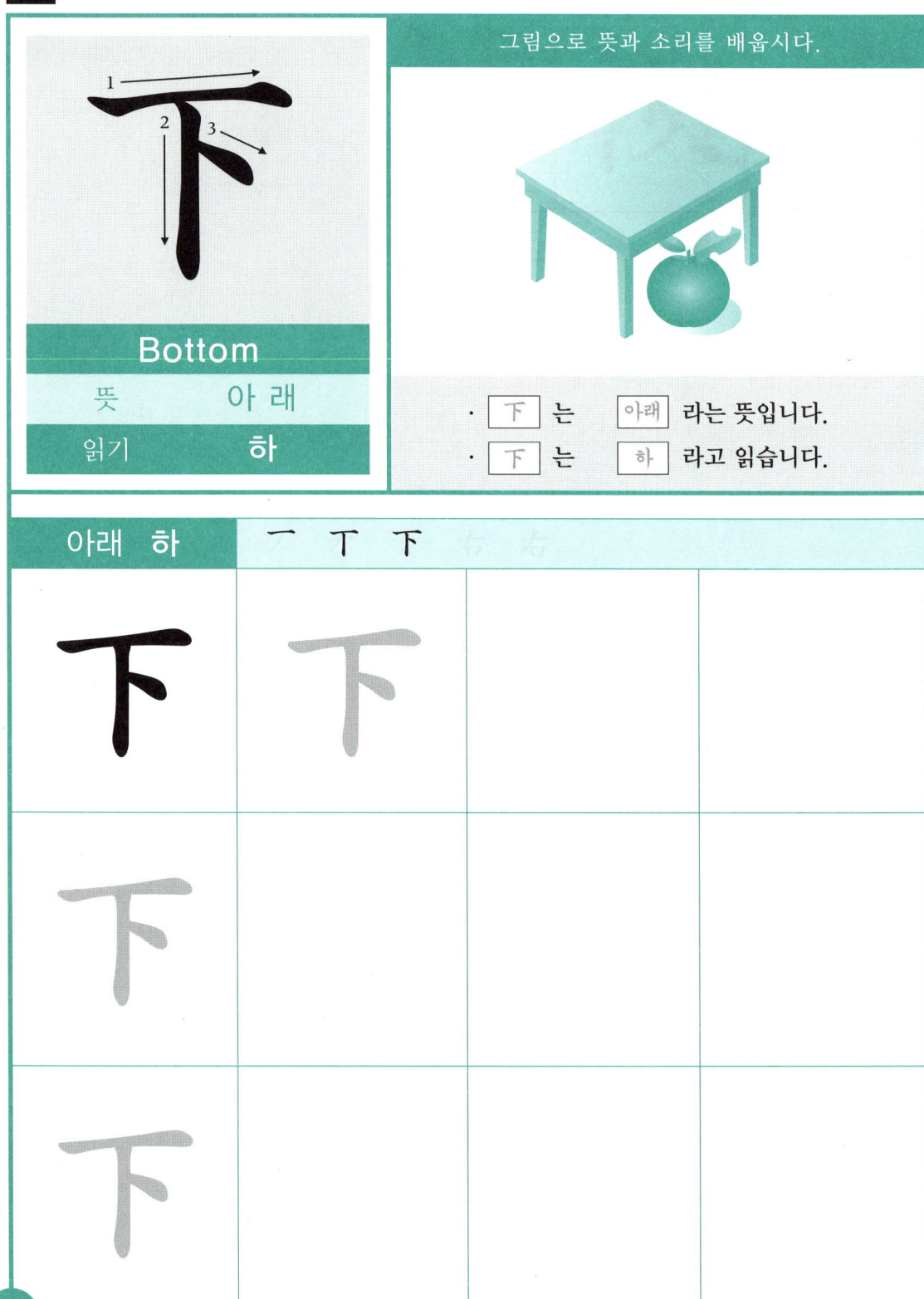

Bottom
뜻 아래
읽기 하

그림으로 뜻과 소리를 배웁시다.

· 下 는 아래 라는 뜻입니다.
· 下 는 하 라고 읽습니다.

아래 하	一 丅 下		
下	下		
下			
下			

이치와 원리로 배우는 초등한자

8 위치

Right
뜻 오른쪽
읽기 우

· 右 는 오른쪽 이라는 뜻입니다.
· 右 는 우 라고 읽습니다.

오른쪽 우	ノ ナ ナ 右 右		
右	右		
右			
右			

 놀이학습   이치와 원리로 배우는 초등한자

벽돌로 지은 집이 있습니다. 깨어진 벽돌을 고치려고 합니다. 어떤 벽돌을 사용해야 할까요?

위 상	丨 卜 上			왼쪽 좌	一 ナ キ 左 左			
上	上			左	左			
아래 하	一 丁 下			오른쪽 우	ノ ナ オ 右 右			
下	下			右	右			

9 가족

이치와 원리로 배우는 초등한자

Father
뜻   아비 · 아버지
읽기   부

그림으로 뜻과 소리를 배웁시다.

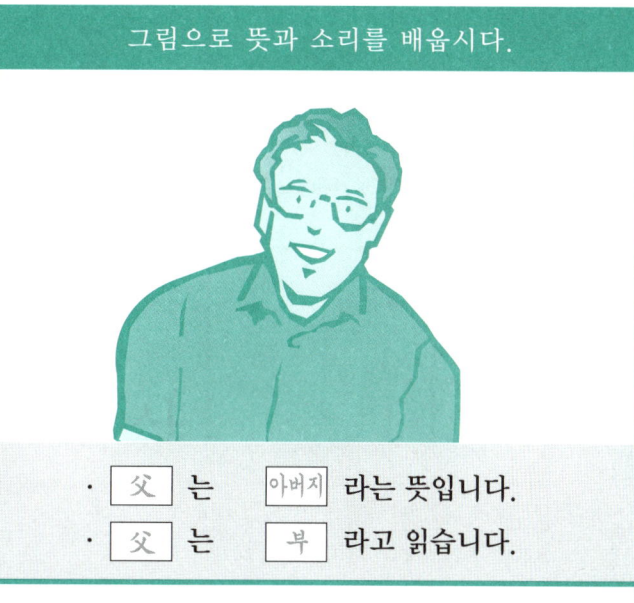

· 父 는 아버지 라는 뜻입니다.
· 父 는 부 라고 읽습니다.

| 아비 부 | ˊ ˋ ˊ 父 |

父

9 가족

Mother
뜻   어미·어머니
읽기   모

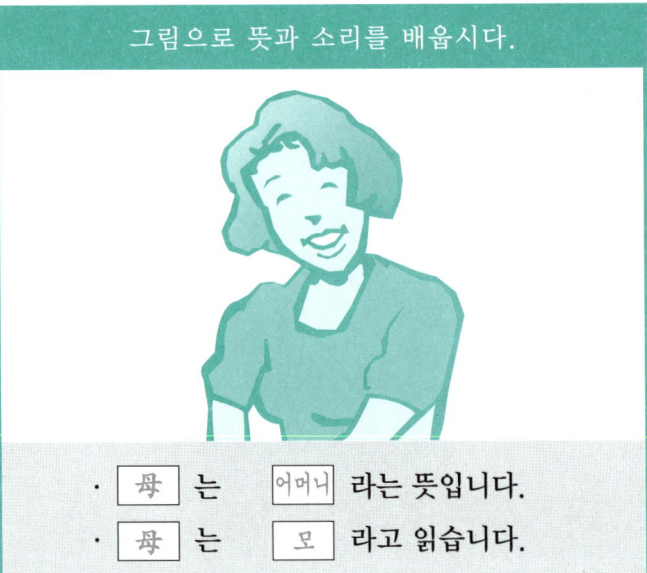

- 母 는 어머니 라는 뜻입니다.
- 母 는 모 라고 읽습니다.

어미 모	ㄥ ㄅ ㄅ ㄅ 母

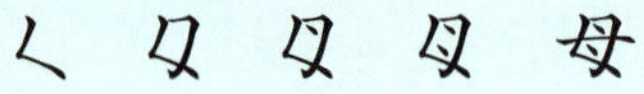

이치와 원리로 배우는 초등한자

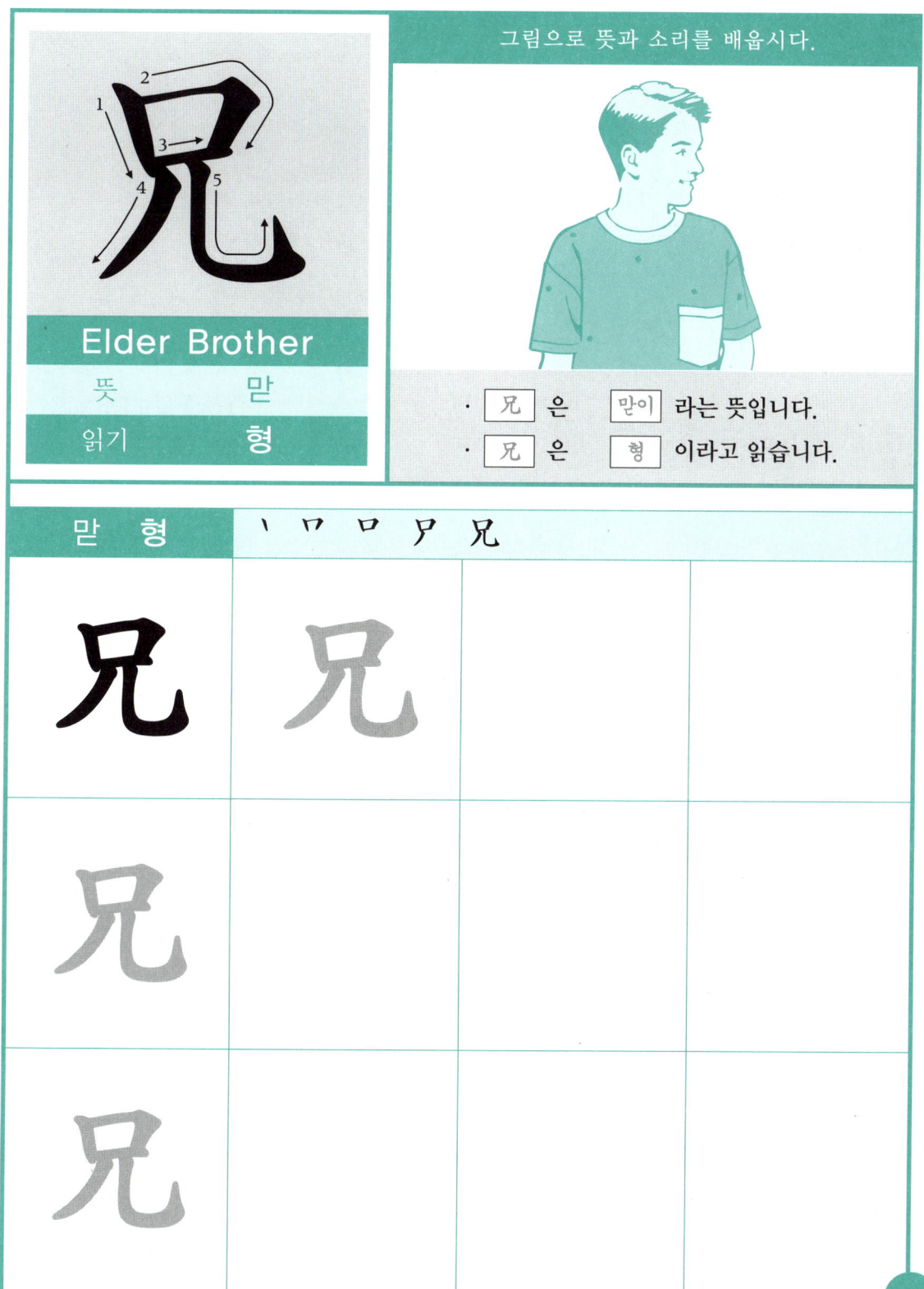

Elder Brother

뜻	맏
읽기	형

그림으로 뜻과 소리를 배웁시다.

· 兄 은 맏이 라는 뜻입니다.
· 兄 은 형 이라고 읽습니다.

| 맏 형 | ノ ㅁ ㅁ ㄕ 兄 |

9 가족

Younger Brother

뜻   아우
읽기 제

- 弟 는 아우 라는 뜻입니다.
- 弟 는 제 라고 읽습니다.

아우 제	丶 丷 丶 단 弟 弟		
弟	弟		
弟			
弟			

이치와 원리로 배우는 초등한자

그림과 관계있는 한자를 줄로 이어 보세요.

　　　　·　　　　· 父

　　　　·　　　　· 兄

　　　　·　　　　· 弟

　　　　·　　　　· 母

다음 한자의 그림과 소리를 줄로 이어 보세요.

母 ·　　·　　·　· 제

兄 ·　　·　　·　· 부

父 ·　　·　　·　· 형

弟 ·　　·　　·　· 모

9 가족

사다리를 타고 내려가 보세요.

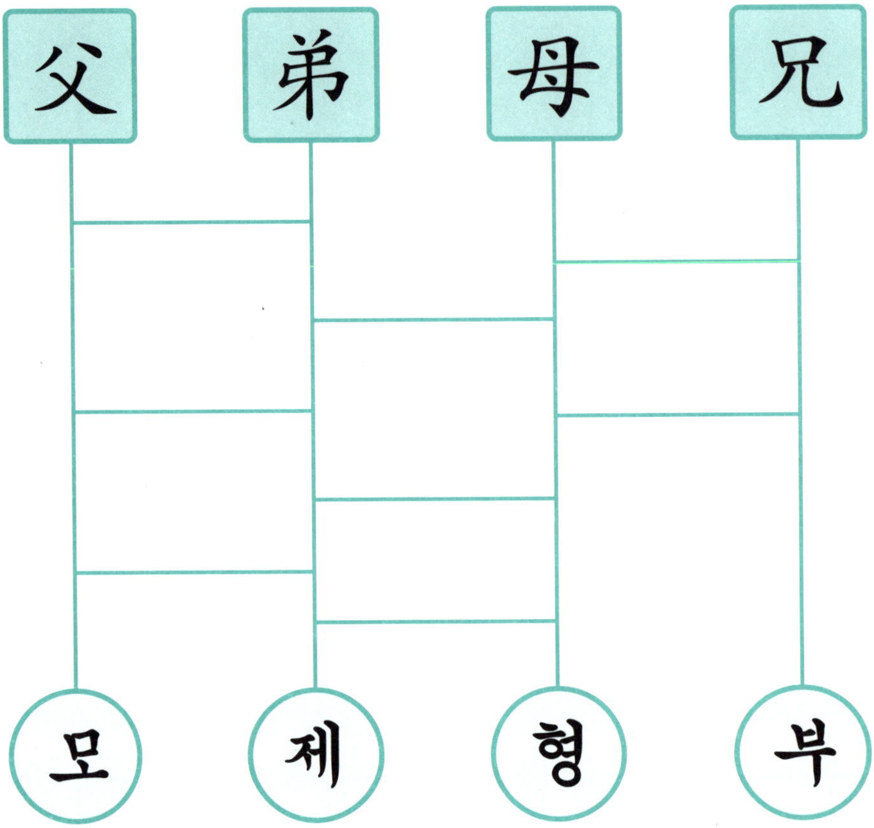

| 父 | 弟 | 母 | 兄 |

| 모 | 제 | 형 | 부 |

아비 부	ˊ ˊ ˊ 父		맏 형	ˋ 口 口 尸 兄
父	父		兄	兄
어미 모	ㄥ ㄗ ㄗ 母 母		아우 제	ˋ ˋ ˋ ㄢ ㄢ 弟 弟
母	母		弟	弟

연습문제 2

이치와 원리로 배우는 초등한자

1. 다음 한자를 써 보세요.

　　동녘 동 □　　　입 구 □　　　혀 설 □

2. 다음 한자의 소리를 써 보세요.

　　千 (　　)　　耳 (　　)　　上 (　　)

3. 다음 숫자만큼 칠하세요.

十	○○○○○○○○○○
三	○○○○○○○○○○
九	○○○○○○○○○○

4. 다음 그림에 알맞은 한자를 〈보기〉에서 골라 쓰세요.

　　보기　父・下・西・左・母

5. 다음 한자를 써 보세요.

| 귀 | | 눈 | | 남녘 | |
| 이 | | 목 | | 남 | |

6. 다음 한자에 맞는 소리를 써 보세요.

| 兄 | | 弟 | | 北 | |

61

평가문제 2

1. 다음 한자의 뜻과 소리를 줄로 이으세요.

   兄 ·　　　· 맏이 ·　　　· 이
   父 ·　　　· 아비 ·　　　· 형
   耳 ·　　　· 귀　 ·　　　· 부

2. 다음 그림에 알맞는 한자를 〈보기〉에서 골라 쓰세요.

   보기　口 · 目 · 耳

    □　 □　 □

3. 다음 그림에 알맞은 수를 한자로 쓰세요.

    □　 □　 □

4. 다음 뜻을 한자로 써 보세요.

혀	아우	서쪽	동쪽	수풀

5. 다음 한자와 관계 있는 것을 줄로 이으세요.

   百 ·　　　· 일백
   　　　　　· 일천

6. 다음 한자의 반대말을 한자로 쓰세요.

   兄 □　　北 □　　上 □

한자야 넌 어디 있니 6

❶ 손 수 ❷ 물 강 ❸ 벗 우 ❹ 개 견 ❺ 낮 오 ❻ 작을 소 ❼ 스스로 자 ❽ 비 우 ❾ 실과 과 ❿ 칼 도

필순에 의한 한자 쓰기

江 총 6 획			
물·강 강	丶 丶 氵 汀 江 江		
犬 총 4 획			
개 견	一 ナ 大 犬		
見 총 7 획			
볼 견	丨 冂 冂 月 目 貝 見		
果 총 8 획			
실과·열매 과	丨 冂 冃 日 旦 甲 果 果		

光 총 6 획			
빛 광	㇒ ㇒ ㇒ ㇒ ㇒ 光		
九 총 2 획			
아홉 구	ノ 九		
口 총 3 획			
입 구	㇐ 口 口		
金 총 8 획			
쇠 금	ノ 人 人 今 今 全 金 金		

南 총 9획			
남녘 남	一 十 十 丙 内 内 齿 南 南		
女 총 3획			
계집 녀	く タ 女		
年 총 6획			
해 년	ノ ヒ 느 乍 뚜 年		
大 총 3획			
큰 대	一 ナ 大		

刀 총 2 획			
칼 도	フ 刀		
東 총 8 획			
동녘 동	一 厂 戸 百 亘 車 東 東		
豆 총 7 획			
콩 두	一 厂 戸 百 戸 豆 豆		
力 총 2 획			
힘 력	フ 力		

里 총 7 획			
마을 리	ㅣ ㄇ ㅁ 日 旦 甲 里		
林 총 8 획			
수풀 림	一 十 才 木 木 村 材 林		
立 총 5 획			
설 립	ㅣ 亠 ㅗ 立 立		
名 총 6 획			
이름 명	ノ ク タ タ 名 名		

母 총 5획			
어미 모	ㄴ ㄨ ㄩ 母 母		
木 총 4획			
나무 목	一 十 才 木		
目 총 5획			
눈 목	l 冂 冃 目 目		
門 총 8획			
문 문	l 冂 冂 冃 門 門 門 門		

百 총 6획			
일백 백	一 アアア百百百		
白 총 5획			
흰 백	ノ ⺈ 白 白 白		
父 총 4획			
아비 부	ノ ⺈ ク 父		
北 총 5획			
북녘 북	丨 ㇀ ㇀ ㇀ 北		

四 총 5획			
넉 사	丨 冂 冂 四 四		
士 총 3획			
선비 사	一 十 士		
山 총 3획			
뫼·산 산	丨 山 山		
三 총 3획			
석 삼	一 二 三		

上 총 3 획			
위 상	ㅣ ㅏ 上		
生 총 5 획			
날 생	ノ ㅅ 屮 生 生		
西 총 6 획			
서녘 서	一 丆 帀 西 西 西		
石 총 5 획			
돌 석	一 丆 ズ 石 石		

舌 총 6 획			
혀 설	ノ 二 千 千 舌 舌		
小 총 3 획			
작을 소	丨 小 小		
水 총 4 획			
물 수	丨 刁 汁 水		
手 총 4 획			
손 수	ノ 二 三 手		

十 총 2 획			
열 십	一 十		
五 총 4 획			
다섯 오	一 ㄒ 五 五		
午 총 4 획			
낮 오	ノ ㇰ 亠 午		
友 총 4 획			
벗 우	一 ナ 方 友		

雨 총 8획			
비 우	一 丆 丆 丙 雨 雨 雨 雨		
牛 총 4획			
소 우	ノ ㇇ 二 牛		
右 총 5획			
오른쪽 우	ノ ナ 才 右 右	※ 左와 다름	
月 총 4획			
달 월	ノ 刀 月 月		

六 총 4획			
여섯 륙·육	ﾉ 亠 六 六		
二 총 2획			
두 이	一 二		
耳 총 6획			
귀 이	一 丅 丆 丆 耳 耳		
人 총 2획			
사람 인	ノ 人		

一 총 1 획			
한 일	一		
日 총 4 획			
날 일	丨 冂 日 日		
自 총 6 획			
스스로 자	′ 丨 冂 白 自 自		
子 총 3 획			
아들 자	⺊ 了 子		

田 총 5획			
밭 전	㇐ 冂 冂 甲 田 田		
弟 총 7획			
아우 제	㇔ ㇔ ㇒ ㇒ ㇕ 弟 弟		
足 총 7획			
발 족	㇐ 冂 口 口 ㇇ 足 足		
左 총 5획			
왼쪽 좌	㇐ ナ ナ 左 左		※ 右와 다름

中 총 4획			
가운데 중	丶 口 口 中		
川 총 3획			
내 천	丿 丿丨 川		
千 총 3획			
일천 천	丿 二 千		
七 총 2획			
일곱 칠	一 七		

土 총 3획			
흙 토	一 十 土		
八 총 2획			
여덟 팔	ノ 八		
下 총 3획			
아래 하	一 丅 下		
向 총 6획			
향할 향	ノ 亻 冂 向 向 向		

兄 총 5획			
맏 형	⼁ 口 口 尸 兄		
火 총 4획			
불 화	⼂ ⼃ ⼃ 火 火		

8급 배정한자 50자

校	校	校	校	校

학교 교
木 · 6 총10획

一 十 才 木
ポ 栌 栌 栌
校 校

敎	敎	敎	敎	敎

가르칠 교
攵 · 7 총11획

ノ メ 三 爻
爻 孝 孝 孝
爹 敎 敎

九	九	九	九	九
아홉 구 乙·1 총2획 ノ 九				
國	國	國	國	國
나라 국 口·8 총11획 丨 冂 冂 冋 同 同 同 囻 國 國 國				

軍	軍	軍	軍	軍

군사 군
車·2 총9획

丿 冖 冖 冖
冟 冟 冒 宣
軍

金	金	金	金	金

쇠·성 금·김
金·0 총8획

丿 人 亼 合
仐 余 金 金

南	南	南	南	南
남녘 남 十·7 총9획 一 十 十 内 内 内 内 内 南				
女	女	女	女	女
계집 녀 女·0 총3획 く 女 女				

年	年	年	年	年
해 년 干・3 총6획 丿 ㇑ ㇑ ㇑ ㇑ 年				
大	大	大	大	大
큰 대 大・0 총3획 一 ナ 大				

東	東	東	東	東
동녘 동 木·4 총8획 一 厂 戸 百 百 東 東 東				
六	六	六	六	六
여섯 륙 八·2 총4획 丶 亠 六 六				

萬	萬	萬	萬	萬

일만　만

艹 · 9　총13획

丶 亠 サ 莒
芦 芍 苩 苩
苩 莒 萬 萬
萬

母	母	母	母	母

어미　모

毋 · 1　총5획

𠃋 𠃌 𠃍 母
母

木	木	木	木	木
나무 목 木・0 총4획 一 十 才 木				

門	門	門	門	門
문 문 門・0 총8획 丨 丨 丨 丨 丨 門 門 門				

民	民	民	民	民
백성 민 氏·1 총5획 ㇇ ㇈ ㇉ ㇊ 民				
白	白	白	白	白
흰 백 白·0 총5획 丿 亻 白 白 白				

父	父	父	父	父
아비 부 父·0 총4획 `丶 ハ ク 父`				
北	北	北	北	北

북녘 북
匕·3 총5획
`丨 ㅓ ㅓ ㅓ`
`北`				

四	四	四	四	四
넉 사 ㅁ·2 총5획 ㅣ 冂 罒 四 四				
山	山	山	山	山
뫼 산 山·0 총3획 ㅣ 丄 山				

三	三	三	三	三
석 삼				
一·2 총3획				
一 二 三				
生	生	生	生	生
날 생				
生·0 총5획				
ノ ㇑ 丿 牛 生				

西	西	西	西	西
서녘 서 西·0 총6획 一 丆 冂 西 西 西				
先	先	先	先	先
먼저 선 儿·4 총6획 丿 𠂉 㐅 生 𠂆 先				

小	小	小	小	小
작을 소 小・0 총3획 亅 小 小				
水	水	水	水	水
물 수 水・0 총4획 亅 小 水 水				

室				
집 실 宀·6 총9획 丶 丶 宀 宀 宀 宀 宀 宀 室				
十				
열 십 十·0 총2획 一 十				

五

다섯　오

二 · 2　총4획

一 丁 五 五

王

임금　왕

王 · 0　총4획

一 丁 千 王

8급 배정한자 연습 문제(1)

1. 다음 한자의 소리를 써 보세요.

   校 : ☐   國 : ☐   軍 : ☐

2. 다음 한자의 뜻과 소리를 써 보세요.

   敎 뜻: 萬 뜻: 民 뜻:
       소리: 소리: 소리:

3. 다음 한자의 총획수를 써 보세요.

   金 : 총 획   生 : 총 획   門 : 총 획

4. 다음 뜻과 소리에 맞는 한자를 써 보세요.

   ☐ 나라 / 국   ☐ 군사 / 군   ☐ 학교 / 교

5. 다음 한자를 필순에 따라 써 보세요.

   東 :

   年 :

6. 다음 한자의 부수에 ○표 하세요.

   四 : (口 冂 儿)   南 : (一 冂 十)

外	外	外	外	外
바깥 외 夕·2 총5획 ノ ク タ 外 外				

月	月	月	月	月
달 월 月·0 총4획 ノ 几 月 月				

二	二	二	二	二
두 이 二·0 총2획 一 二				

人	人	人	人	人

사람 인
人 · 0 총2획
ノ 人

一	一	一	一	一

한 일
一 · 0 총1획
一

日	日	日	日	日

날 일
日 · 0 총4획
丨 冂 日 日

長	長	長	長	長
길 장 長・0 총8획 一 厂 F F 仨 乕 長 長				

弟	弟	弟	弟	弟
아우 제 弓・4 총7획 丶 丷 䒑 弐 弟 弟				

中	中	中	中	中
가운데 중 丨・3 총4획 丨 口 口 中				

青	青	青	青	青
푸를 청 青·0 총8획 一 = ≠ 丰 늘 青 青 青				

寸	寸	寸	寸	寸
마디 촌 寸·0 총3획 一 十 寸				

七	七	七	七	七
일곱 칠 一·1 총2획 一 七				

土	土	土	土	土
흙 토				
土 · 0 총3획				
一 十 土				
八	八	八	八	八
여덟 팔				
八 · 0 총2획				
ノ 八				
學	學	學	學	學
배울 학				
子 · 13 총16획				

韓	韓	韓	韓	韓

한나라 한
韋·8 총17획
一十十古古古直
草草'草'草'草
草草草草韓

兄	兄	兄	兄	兄

맏 형
儿·3 총5획
丶口口尸兄

火	火	火	火	火

불 화
火·0 총4획
丶丶丿火

8급 배정한자 연습 문제(2)

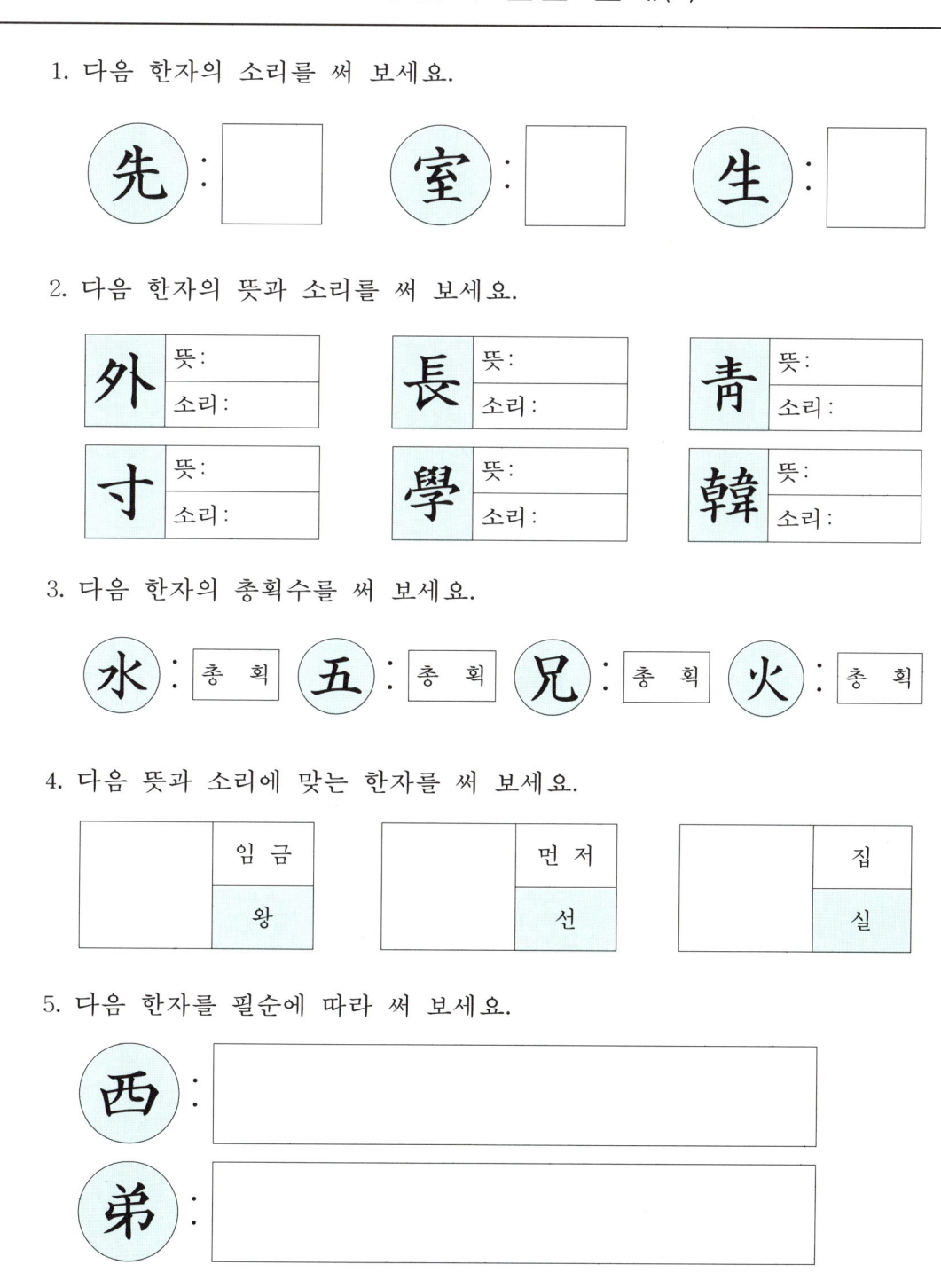

한자의 뜻을 쓰세요

① 개 ② 나무 ③ 돌 ④ 마을 ⑤ 문 ⑥ 물 ⑦ 밭 ⑧ 불 ⑨ 비 ⑩ 사람 ⑪ 산

그림 속의 한자 쓰기

이치와 원리로 배우는 초등한자

犬					
木					
石					
里					
門					
江					
田					
火					

가족이름쓰기 1

할아버지				
	할머니			
	아버지			
	나			

가족이름쓰기 2

이치와 원리로 배우는 초등한자

외할아버지				
외할머니				
어머니				
형제·자매				

이 책에 나오는 한자

ㄱ	江 강·물 강 지앙 jiāng	犬 개 견 취앤 quǎn	見 (见) 볼 견 지앤 jiàn	果 실과·열매 과 꾸어 guǒ	光 빛 광 꾸앙 guāng
校 학교 교 시아오 xiào	敎 (教) 가르칠 교 지아오 jiào	九 아홉 구 지어우 jiǔ	口 입 구 커우 kǒu	國 (国) 나라 국 꾸어 guó	軍 (军) 군사 군 쥔 jūn
金 쇠·성 금·김 진 jīn	ㄴ	南 남녘 남 난 nán	女 계집 녀·여 뉘 nǚ	年 해 년·연 니앤 nián	ㄷ
大 큰 대 따 dà	刀 칼 도 따오 dāo	東 (东) 동녘 동 뚱 dōn	豆 콩 두 떠우 dòu	ㄹ	力 힘 력·역 리 lì
六 여섯 륙·육 리어우 liù	里 마을 리·이 리 lǐ	林 수풀 림·임 리 lín	立 설 립·입 리 lì	ㅁ	萬 (万) 일만 만 우안 wàn
名 이름 명 밍 míng	母 어미 모 무 mǔ	木 나무 목 무 mù	目 눈 목 무 mù	門 (门) 문 문 먼 mén	民 백성 민 민 mín

※ 한자의 음훈아래는 중국음입니다.

이치와 원리로 배우는 초등한자

ㅂ	白 흰 백 빠이 bái	百 일백 백 빠이 bǎi	父 아비 부 후 fù	北 북녘 북 뻬이 běi	ㅅ
四 넉 사 쓰 sì	士 선비 사 스 shì	山 뫼·산 산 산 shān	三 석 삼 싼 sān	上 위 상 상 shàng	生 날 생 성 shēng
西 서녘 서 시 xī	石 돌 석 스 shí	先 먼저 선 시앤 xiān	舌 혀 설 서 shé	小 작을 소 시아오 xiǎo	水 물 수 수에이 shuǐ
手 손 수 서우 shǒu	室 집 실 스 shì	十 열 십 스 shí	ㅇ	五 다섯 오 우 wǔ	午 낮 오 우 wǔ
王 임금 왕 우앙 wáng	外 바깥 외 우아이 wài	右 오른쪽 우 이어우 yòu	牛 소 우 니어우 niú	友 벗 우 이어우 yǒu	雨 비 우 위 yǔ
月 달 월 위에 yuè	二 두 이 얼 èr	耳 귀 이 얼 ěr	人 사람 인 런 rén	一 한 일 이 yī	日 날 일 르 rì

111

ㅈ	子	自	長(长)	田	弟
	아들 자 쯔 zǐ	스스로 자 쯔 zì	길 장 창 cháng	밭 전 티앤 tiān	아우 제 띠 dì
足	左	中	ㅊ	千	川
발 족 쭈 zú	왼쪽 좌 쭈어 zuǒ	가운데 중 중 zhōng		일천 천 치앤 qiān	내 천 추안 chuān
青(青)	寸	七	ㅌ	土	ㅍ
푸를 청 칭 qīng	마디 촌 춘 cùn	일곱 칠 치 qī		흙 토 투 tǔ	
八	ㅎ	下	學(学)	韓(韩)	向
여덟 팔 빠 bā		아래 하 시아 xià	배울 학 쉬에 xué	한나라 한 한 hán	향할 향 시앙 xiàng
兄	火				
맏 형 쉬옹 xiōng	불 화 후어 huǒ				